I0805116

La gravedad

Grace Hansen

Abdo
LA CIENCIA BÁSICA
Kids

Abdo Kids Jumbo es una subdivisión de Abdo Kids
abdobooks.com

abdobooks.com

Published by Abdo Kids, a division of ABDO, P.O. Box 398166, Minneapolis, Minnesota 55439.
Copyright © 2019 by Abdo Consulting Group, Inc. International copyrights reserved in all countries. No part of this book may be reproduced in any form without written permission from the publisher.
Abdo Kids Jumbo™ is a trademark and logo of Abdo Kids.

102018

012019

THIS BOOK CONTAINS RECYCLED MATERIALS

Spanish Translator: Maria Puchol

Photo Credits: Alamy, iStock, Shutterstock

Production Contributors: Teddy Borth, Jennie Forsberg, Grace Hansen

Design Contributors: Dorothy Toth, Laura Mitchell

Library of Congress Control Number: 2018953936

Publisher's Cataloging-in-Publication Data

Names: Hansen, Grace, author.

Title: La gravedad / by Grace Hansen.

Other title: Gravity

Description: Minneapolis, Minnesota : Abdo Kids, 2019 | Series: La ciencia básica | Includes online resources and index.

Identifiers: ISBN 9781532183874 (lib. bdg.) | ISBN 9781641857291 (pbk.) | ISBN 9781532184956 (ebook)

Subjects: LCSH: Gravity--Juvenile literature. | Gravitation--Juvenile literature. | Spanish language materials--Juvenile literature.

Classification: DDC 531.14--dc23

Contenido

¿Qué es la gravedad?

Hace más de 300 años Isaac Newton descubrió la gravedad. Vio una manzana caer de un árbol y supo que una **fuerza** causaba esa caída.

La gravedad es una **fuerza**.

Esta fuerza hace que las cosas hechas de **materia** se atraigan entre sí.

10
10

Gravedad y materia

Todo está hecho de **materia**. Los humanos estamos hechos de materia. La Tierra está compuesta de materia.

Los cuerpos con más **materia** o **masa** tienen una **fuerza gravitatoria** más fuerte. La Tierra es inmensa. Su fuerza gravitatoria es muy fuerte. Por eso todo lo que hay en la Tierra permanece sobre su superficie.

En el espacio

La gravedad no sólo afecta a las cosas de la Tierra. ¡Hace que nuestra galaxia permanezca en el mismo sitio!

Los cuerpos con mucha **masa** tienden a moverse hacia delante. La Luna tiene mucha masa y se mueve hacia delante. Pero también es atraída hacia la Tierra por su gravedad.

El movimiento hacia delante de la Luna hace que se aleje de la Tierra. Pero la gravedad de la Tierra la atrae. Estas **fuerzas** se **equilibran** y la Luna permanece en **órbita**.

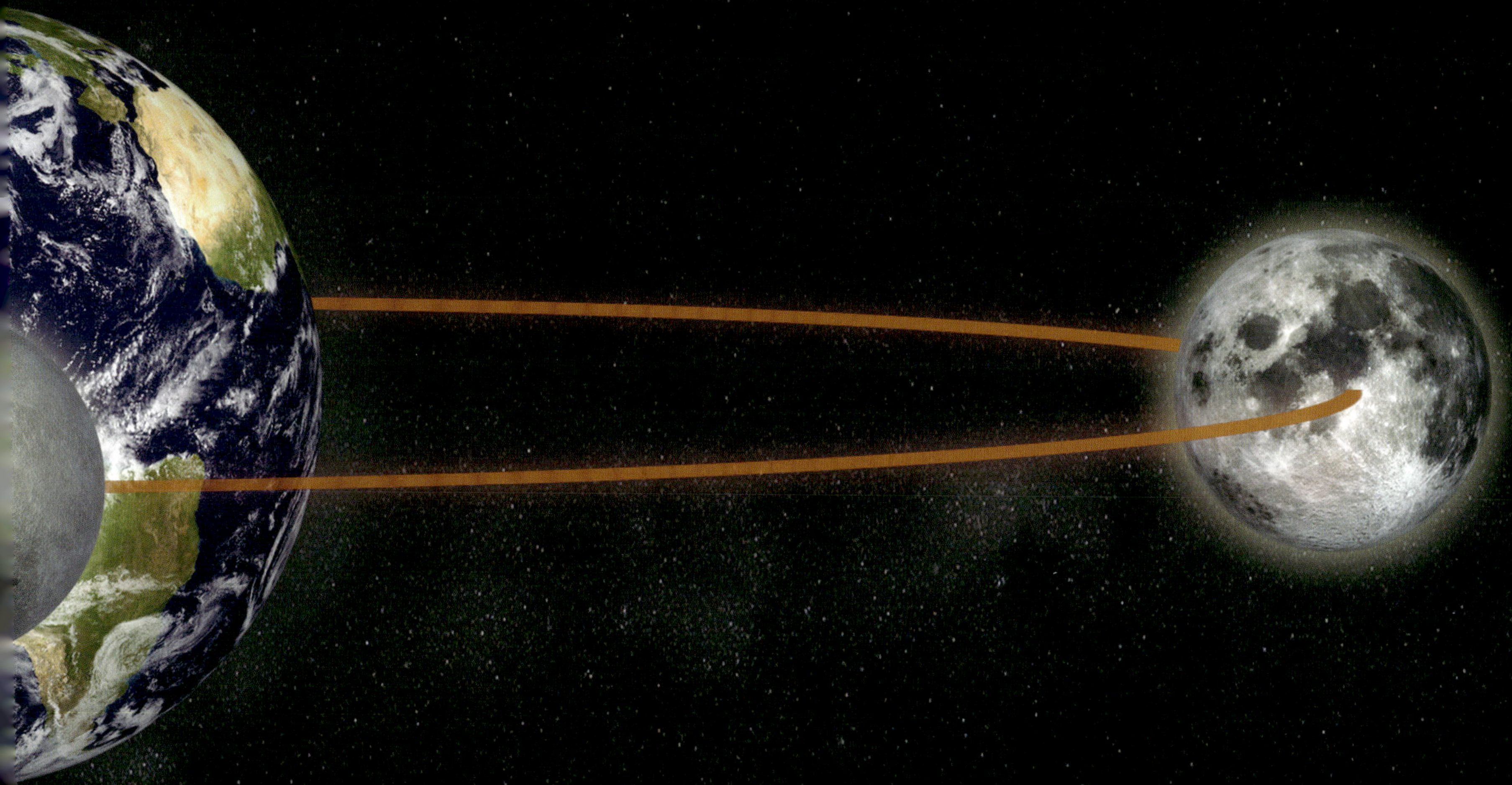

La Luna **orbita** alrededor de la Tierra. La Tierra y los demás planetas orbitan alrededor del Sol. Todo lo que hay en el espacio orbita alrededor del centro de nuestra galaxia. Todo esto se debe a la **fuerza** de la gravedad.

Vida

Sin gravedad no habría vida en la Tierra. ¡La próxima vez que te caigas, dale las gracias a la gravedad!

¡A repasar!

- La gravedad es la **fuerza** que atrae dos objetos que tienen **masa**.

- Los objetos que tienen más masa tienen una **fuerza gravitatoria** más fuerte.

- Cuanto más lejos estén dos objetos, más débil es la fuerza gravitatoria entre ellos.

- La gravedad y el movimiento rectilíneo de los planetas hace que se mantengan en **órbita**.

Glosario

equilibrio - estado en el que fuerzas opuestas son iguales.

fuerza - empuje o jale sobre un objeto cuando otro objeto actúa sobre él. Con respecto a la gravedad, los dos objetos no necesitan tocarse.

fuerza gravitatoria - atracción causada por la gravedad.

masa - cantidad de materia que hay en los cuerpos. La masa no es lo mismo que el peso de los cuerpos.

materia - todo aquello que tiene masa y ocupa un espacio.

órbita - trayectoria curva de un planeta u otro cuerpo celeste que hace alrededor de otro.

Índice

Abdo Kids ONLINE

FREE! ONLINE MULTIMEDIA RESOURCES

¡Visita nuestra página **abdokids.com** y usa este código para tener acceso a juegos, manualidades, videos y mucho más!